My Navajo Clan Book

By: Candice Tallsalt

This book belongs to:

_____

My Navajo Clan Book

Yá'át'ééh!

Hello!

Shí éí

_____

(Write your name)

yinishyé.

I am called

_____

(Write your name)

nishłį.

My mother's first clan is

(Write clan here)

bashishchiin.

My father's first clan is

(Write clan here)

dashicheii.

My maternal grandfather's first clan is

dashinalí.

My paternal grandfather's first clan is

Shimá éí

(Write name here)

wolyé.

My mother's name is

(Write name here)

Shizhe'é éí

(Write name here)

wolyé.

My father's name is

(Write name here)

déé' naashá.

I live at

(Write age here)

shinááhai.

I am

(Write age here)

years old.

Ahéhee'

Thank you!

Practice pages

Yá'át'ééh!

Shí éí _____ yinishyé.

_____ nishłį́.

_____ bashishchiin.

_____ dashicheii.

_____ dashinalí.

Shimá éí _____ wolyé.

Shizhe'é éí _____ wolyé.

_____ déé' naashá.

_____ shinááhai.

Ahéhee'

Practice pages

Yá'át'ééh!

Shí éí _____ yinishyé.

_____ nishłį́.

_____ bashishchiin.

_____ dashicheii.

_____ dashinalí.

Shimá éí _____ wolyé.

Shizhe'é éí _____ wolyé.

_____ déé' naashá.

_____ shinááhai.

Ahéhee'

Practice pages

Yá'át'ééh!

Shí éí _____ yinishyé.

_____ nishłį́.

_____ bashishchiin.

_____ dashicheii.

_____ dashinalí.

Shimá éí _____ wolyé.

Shizhe'é éí _____ wolyé.

_____ déé' naashá.

_____ shináahai.

Ahéhee'

Practice pages

Yá'át'ééh!

Shí éí _____ yinishyé.

_____ nishłį́.

_____ bashishchiin.

_____ dashicheii.

_____ dashinalí.

Shimá éí _____ wolyé.

Shizhe'é éí _____ wolyé.

_____ déé' naashá.

_____ shinááhai.

Ahéhee'

Practice pages

Yá'át'ééh!

Shí éí _____ yinishyé.

_____ nishłį́.

_____ bashishchiin.

_____ dashicheii.

_____ dashinalí.

Shimá éí _____ wolyé.

Shizhe'é éí _____ wolyé.

_____ déé' naashá.

_____ shináahai.

Ahéhee'

Navajo Clans

CLAN RELATIONSHIP GROUP 1

Kinyaa'áanii/Kiyaa'áanii — The Towering House clan (Original Clan)
Dziłt'aadi — Near the Mountain clan
Azee'tsoh dine'é — The Big Medicine People clan
Tązhii dine'é — The Turkey People clan
Bit'ahnii — His Sheaves…Leaf clan…Under His Cover clan
Halgai dine'é — People of the Valley clan (Adopted clan)
Shash dine'é — The Bear People clan (Adopted clan)
Naadąą' dine'é — The Corn People clan (Adopted clan)

CLAN RELATIONSHIP GROUP 2

Honágháahnii — One-walks-around clan (Original clan)
Tó'áhani — Near the water clan
Ta'neeszahnii — Tangle clan
Hashk'ąą hadzohi — Yucca Fruit-Strung-Out-In-A-Line clan
Nihoobáanii — Gray Streaked-Ends clan
Ts'ah yisk'idnii — Sage Brush Hill clan
Dził tł'ahnii — Mountain Cove clan
Dził ná'oodiłnii — The Turning Mountain People clan

CLAN RELATIONSHIP GROUP 3

Tódich'ii'nii — Bitter Water clan (Original clan)
Tséikeeheé — Two Rocks-Sit clan
Tsin sikaadnii — Clamp Tree clan
Yoo'ó dine'é — The Bead People clan
Bįįh bitoodnii — Deer Spring clan
Tł'ógi — Hairy Ones or Weaver-Zia clan
Tódik'ǫzhi — Salt Water clan
Tó baazhni'ázhi — Two Who Came To the Water clan (Adopted clan)
Naakétł' áhi — Flat Foot People-Pima clan (Adopted clan)
Bįįh yáázh dine'é — Little Deer People clan (Adopted clan)
K'aa' dine'é — The Arrow People clan (Adopted clan)
K'aahanaanii — The Living Arrow clan (Adopted clan)
Yoo'ó dine'é Tódich'ii'nii — The Bead People of Bitter Water clan (Adopted clan)

Navajo Clans

CLAN RELATIONSHIP GROUP 4

Hashtł'ishnii	**Mud clan** (Original clan)
Tótsohnii	Big Water clan
Hooghanłáni	Many Hogans clan
Dzaanééźłáni	Many Mules clan
Tsé deeshgizhnii	Rock Gap clan
Lók'aa' dine'é	Reed People clan
Bit'ahnii	Within His Cover clan

CLAN RELATIONSHIP GROUP 5

Tábąąhá	Water's Edge clan
Haltsooi	Meadow People clan
Tó baazhni'ázhi	Two Who Came To Water clan

CLAN RELATIONSHIP GROUP 6

Táchii'nii	Red Running Into the Water People clan
Nát'oh dine'é	Tobacco People clan
Yé'ii dine'é	Giant People clan
Bįįh dine'é Táchii'nii	The Deer People of the Red Running into the Water clan
Gah dine'é Táchii'nii	The Rabbit People of the Red Running into the Water clan
Naaneesht'ézhi Táchii'nii	The Charcoal Streaked Division of the Red Running into the Water clan
Nóóda'i dine'é Táchii'nii	The Ute People Division of the Red Running into the Water clan
Dólii dine'é	Blue Bird People clan
Naasht'ézhi dine'é	Zuni clan
Kinłichii'nii	The Red House People clan (Adopted clan)

Navajo Clans

CLAN RELATIONSHIP GROUP 7

Tsénjíkiní	Honey Combed Rock People or the Cliff Dwellers People clan
Dibéłzhíní	Black Sheep clan
Mạ'ii deeshgiizhinii	Coyote Pass - Jemez clan
Kinłitsonii	Yellow House People clan
Áshįįhnii	Salt People clan (Extinct clan)
Áshįįhi	Salt People clan
Dziłná'oodiłnii	The Turning Mountain People clan

CLAN RELATIONSHIP GROUP 8

Tó'aheedlíínii	The Water Flows Together clan
Naakai dine'é	The Mexican clan
Nóóda'í dine'é	The Ute clan (Adopted clan)
Keha'atiinii	The Foot Trains People clan (Adopted clan)

CLAN RELATIONSHIP GROUP 9

Tsi'naajinii	Black Streak Wood People clan
Deeshchii'nii	Start of the Red Streak People clan
Kinłichii'nii	Red House clan
Tł'ízíłání	Many Goats clan
Tł'ááshchí'í	The Red Bottom People clan
Tse nabahiłnii	Sleep Rock People clan
Shash dine'é / Nashashí	The Bear People clan (Adopted clan)
T'iis ch'ebáanii	Gray Cottonwood Extending Out clan (Adopted clan)

Navajo Clans

CLAN RELATIONSHIP GROUP 10

Ats'oos dine'é — The Feather People clan

CLAN RELATIONSHIP GROUP 11

Bįįh tsoh dine'é — The Big Deer People clan

CLAN RELATIONSHIP GROUP 12

Iich'ąh dine'é — The Moth People clan   (Extinct clan)

CLAN RELATIONSHIP GROUP 13

Jaa'yaalóolii — The Sticking Up Ears People clan

CLAN RELATIONSHIP GROUP 14

Kéha'atiinii — The Foot Trails People clan

CLAN RELATIONSHIP GROUP 15

Naashaashi — The Bear Enemies, the Tewa clan

CLAN RELATIONSHIP GROUP 16

Naashgalí dine'é — The Mescalero Apache clan

CLAN RELATIONSHIP GROUP 17

Naayízí dine'é — The Squash People clan

CLAN RELATIONSHIP GROUP 18

Nóóda'í dine'é — The Ute clan

CLAN RELATIONSHIP GROUP 19

Séí bee hoghanii — The Sand Hogan People clan

CLAN RELATIONSHIP GROUP 20

Tó'azólí — The Light Water People clan

CLAN RELATIONSHIP GROUP 21

Tsin yee na'álo'íí — Tree Stretcher People clan

Numbers

1	t'ááłá'í
2	naaki
3	táá'
4	dį́į́'
5	ashdla'
6	hastą́ą́
7	tsosts'id
8	tseebíí
9	náhást'éí
10	neeznáá
11	ła'ts'áadah
12	naakits'áadah
13	táá'ts'áadah
14	dį́į́'ts'áadah
15	ashdla'áadah
16	hastą́'áadah
17	tsosts'idts'áadah
18	tseebííts'áadah
19	náhást'éíts'áadah
20	naadiin